ROSAFARBENE

Dramen

stefanie carpintero

rosafarbene dramen

moderne lyrik & texte

impressum

Bibliografische Information: Die Nationalbibliotheken
D/A/CH verzeichnen diese Publikation.

© 2021 Stefanie Carpintero

rosafarbenedramen@gmail.com
www.rosafarbenedramen.ch
Instagram: rosafarbene_dramen

Illustration: www.diehuebnerin.com

Herzlichen Dank an Tanja Hübner, die die Bilder in meinem
Kopf wunderbar zu Papier gebracht hat.

Herstellung und Verlag: BoD – Books on Demand, Norderstedt

ISBN: 978-3-753-49913-0

nur du
und ich
und das ticken
der zeit

und dann war da dieser *herzsalto*
und ich wusste
du würdest alles wert sein
was danach passieren sollte

was als glücklicher *zufall* begann

nahm den lauf des *schicksals*

wie schnee
der im frühling zu wasser wird
hatte auch unsere liebe ein *verfallsdatum*

während du die ganze welt für mich bist

bin ich nur dein *geheimnis*

du warst der verkomplizierer
meiner leichten welt

die morgensonne küsst das *meer*
und für einen augenblick ist wieder alles möglich

rosafarbene dramen

ich genoss es
      als wüsste ich nicht
            dass es mich zerstören würde

heute nacht

was machst du heute nacht?
ich vermisse dich und würde gerne zu dir kommen

die lichter der stadt

das leben in den bars

und der duft aus den restaurants

lassen mich spüren

dass ich allein bin

ausgelassenes lachen hallt durch mein offenes fenster

ich sitze hier und schaue nach draußen

in das leben der anderen

je bunter diese nacht wird

desto uferloser fühlt sich die leere in mir an

wie ein boot

das verlassen auf dem meer treibt

schippere ich ziellos umher

ich würde mich gerne auf den weg zu dir machen

so vieles wurde nicht gesagt
so vieles wurde nicht gefühlt

doch finde ich den weg durch den nebel des lebens?

die fremde fröhlichkeit bringt mich vom kurs ab

wirft mich zurück

erinnert mich daran

dass ich endlich wieder lachen möchte

lachen mit dir

wie wir es so oft taten

nächtelang

bis die sonne emporstieg

um uns in den schlaf zu wiegen

was machst du heute nacht?

ich vermisse dich und würde gerne zu dir kommen

wenn ich nicht genug bin
sodass du bleiben willst
sollte ich dich besser ein *letztes mal*
gehen lassen

rosafarbene dramen

du hast mir geholfen zu sehen
was du doch eigentlich verstecken wolltest

du bist wie meine *lieblingsplaylist*
auf einem *roadtrip*

ich habe dich in mein
herz
eingeladen

und du hast
dort eine party
ohne mich
gefeiert

manchmal verliere ich mich
im leben der *anderen*

was machst du den rest *meines* lebens?

wie die sonne den tag mitnimmt
so nahmst du meine *leichtigkeit* mit
als du fortgingst

rosafarbene dramen

ich bin vom gepäckträger deines lebens abgestiegen

lieber gehe ich *meinen eigenen weg* zu fuß

das *meer* macht es nicht besser
aber es lässt die stimmen in meinem kopf
müde werden

rosafarbene dramen

wir tanzten den discofox unseres lebens
  doch bis die blasen an meinen füßen verheilten
    warst du längst der star einer anderen party

lass mich das gimmick zu deinem
yps-heft
sein

die
letzte
durchtanzte
nacht

die letzte durchtanzte nacht

die wellen des basses verebbten

unsere körper wurden ruhig

als das licht die dunkelheit durchbrach

in der wir eben noch in leichtigkeit schwebten

wir blickten uns in die roten gesichter

erschöpft von den

vergangenen stunden der ausgelassenheit

der schweiß rann uns von der stirn

die kleider durchschwitzt

die schuhsohlen runtergetanzt

zum heimgehen waren wir nicht bereit

das adrenalin schoss noch immer

durch unsere jungen körper

wollte uns verrückte dinge tun lassen

gab uns das gefühl

dass gerade alles möglich wäre

frühstück in paris

rief es von irgendwoher

über die sich leerende tanzfläche

freunde verabschiedeten sich

und paare

die keine waren

schlichen sich davon

ein letzter blick durch den raum

der boden übersät mit

    zigarettenkippen

    glasscherben

    glitzerkonfetti

    zerbeulten plastikflaschen

ein chaos aus funkelndem dreck

jeder schritt machte ein quietschendes geräusch

die nacht klebte mit ihren kaugummis

und verschütteten drinks

an unseren schuhen

in der luft lag eine mischung aus

    disconebel

    tabak

    wodka-bull

so stark

dass kein körpergeruch dagegen ankommen konnte

es glich einem schlachtfeld

doch es war unser schlachtfeld

unser zuhause

wir schlurften zum ausgang

noch immer nicht bereit zu gehen

noch immer nicht bereit

die samstagnacht

zum sonntagmorgen werden zu lassen

doch die zeit fragte nicht

ob wir bereit waren

wie die rausschmeißer

die bereits ihre besen auspackten

um unsere partynacht auszulöschen

schubste sie uns zum ausgang – *die zeit*

sie peitschte uns geradeaus ins erwachsenenleben

wo unser antrieb nicht mehr

die basswellen sein würden

wo samstagsnächte nicht

im sonnenaufgang enden würden

und plötzlich war sie da

unsere letzte durchtanzte nacht

hätten wir es gewusst

dann hätten wir sie gefeiert

wie sie es verdient gehabt hätte

doch sie kam ohne ankündigung

unaufhaltsam

und wie die tsunamiwelle des basses

riss sie uns alle mit sich in ein anderes leben

rosafarbene dramen

erst als wir begannen
uns mit steinen zu bewerfen
konnten wir erkennen
dass unser palast aus glas war

rosafarbene dramen

du sagst

zwischenzeitlich sind deine gefühle für mich
erloschen

sag mir doch bitte

zwischen welchen zeiten das passiert ist

manchmal geht es im leben
um die
geschichte

nicht um
das
happy end

rosafarbene dramen

ich habe noch zeit …

und doch ist es zu spät

vergiss nicht …

deine lügen mitzunehmen

rosafarbene dramen

noch jahre danach sorgst du bei mir für tränen
doch es sind tränen des lachens
denn deine *feigheit*
ist nur noch ein schlechter witz für mich

das karussell hat sich weitergedreht
nachdem ich von meinem hohen ross
abgestiegen war

nun stehe ich am rand und warte darauf
dass es für mich noch einmal stehen bleibt
mir noch einmal einen platz anbietet

brichst du noch immer alle herzen …

oder hat dir das endlich dein genick gebrochen?

wir verstauten
die freiheit des
wollens
hinter dem rücksitz

und zogen uns
den mantel des
sollens
über

rosafarbene dramen

schon monopoly hat uns gelehrt:

manchmal bist du
auf der anderen seite des spielfelds
und musst zurück auf los
von wo du pleite
in eine neue runde startest

ich vermisse was wir waren

was wir sein wollten

doch nie schafften zu werden

rosafarbene dramen

du bist in meinem kopf gefangen
wie mein *lieblingslied* in dauerschleife

manchmal weiß ich nicht
läufst du vor mir weg
oder vor dir selbst

rosafarbene dramen

die worte hatten deine lippen verlassen
ab jetzt gab es nur noch eine richtung für uns

eines tages werden wir eine antwort bekommen
auf all unsere verborgenen fragen
doch bis dahin

lass uns leben

rosafarbene dramen

sie spielen unser lied
gelangweilt schaltest du es aus

und plötzlich ist alles gesagt
was doch keiner aussprechen wollte

unsere liebe war *schwerelos*
und dann
sind wir einfach davongetrieben

… in verschiedene richtungen

rosafarbene dramen

was
wenn am ende alles keinen *sinn* macht?

der
regen
prasselte
ins
meer
und
alles
schien
verloren
zu
sein

rosafarbene dramen

emotionslos kratzt du meinen namen vom briefkasten
und mit einem mal bin ich nicht mehr
als störende kleberückstände
die sich nicht von dir lösen wollen

dein nackter körper lag neben mir
wie die abgestreifte hülle eines schmetterlings
der sich längst aufgemacht hat
in *sein neues leben*

wer sich alle türen offenlässt
verbringt sein leben auf dem flur

rosafarbene dramen

heute war ich wieder ein bisschen

unsichtbar

während du dich in den moment verliebtest

... verliebte ich mich in *dich*

das einzige
was zwischen uns knisterte
war das *popcorn*
in dem unsere hände einander suchten

an diesem einen abend

an diesem einen abend …

auf dem beifahrersitz

streckte ich meine nackten füße durchs offene fenster

ein augenblick der vollkommenen freiheit

alles war möglich

in diesem moment – an diesem einen abend

meine ungebändigten haare im fahrtwind

auch deine bernsteinfarbenen locken

spielten dir um die schultern

zufrieden hast du auf deinem thron gesessen

schön wie ein könig

frei wie ein bettler

glücklich hast du ausgesehen

in diesem moment – an diesem einen abend

das radio spielte ein lied des freiseins

magst du den song?

fragtest du mich lächelnd

ich liebe ihn

antwortete ich leise

in gedanken fügte ich

und jetzt

in diesem moment – an diesem einen abend

auch dich

hinzu

als hättest du es hören können

nahmst du zufrieden den blick zurück zur straße

und in deinem verschmitzten lächeln der jugend

konnte ich sehen

dass wir in jenen sekunden

das gleiche universum teilten

in diesem moment – an diesem einen abend

meine strahlenden augen im rückspiegel verrieten

dass ich einen schatz in händen hielt

doch schon bald würde er

zwischen meinen fingern zerrinnen

wie der sand auf dem sitz deines surfervans

den ich gegen keinen anderen ort

hätte eintauschen wollen

in diesem moment – an diesem einen abend

ich sog ihn auf

den augenblick der unbekümmertheit

um ihn für immer zu speichern

es interessierte nicht

wohin die fahrt gehen würde

was der nächste tag und die zukunft bringen sollten

denn ich hatte

in diesem moment – an diesem einen abend

ein date mit dem leben

rosafarbene dramen

so vieles wurde nicht gesagt
so vieles wurde nicht gefühlt

im schein des mondes war perfekt
was zwischen den strahlen der sonne
nicht existieren konnte

rosafarbene dramen

lass uns zusammen in *erinnerungen* schwelgen
an dinge
die wir nie erlebt haben

rosafarbene dramen

immer wieder
habe ich den zauber des neuen genossen

immer wieder
küsste ich fremde lippen

immer wieder
stürzte ich mich kopfüber ins abenteuer

immer wieder
dachte ich „nur noch dieses eine mal"

und dann kamst du und hast aus dem
immer wieder
ein
letztes mal werden lassen

rosafarbene dramen

traumerstickt
erwache ich

die nacht hat mich
traumverwirrt
ausgespuckt

ich rette mich in einen
tagtraum

rosafarbene dramen

dein kuss war wie eine explosion

erst hat er mich umgehauen
und danach habe ich gesehen
was du damit alles *zerstört* hast

rosafarbene dramen

unsere liebe ist *wolkenleer*

ich würde nichts ändern
aber mehr genießen

lebewohl

lebewohl

die abendsonne verabschiedet den tag
in einem kitschigen rosaton

es sind die dog days
die heißesten tage des sommers
und es fühlt sich an
als würde die luft brennen

selbst die dunkelheit bringt keine abkühlung
die hitze lässt die menschen verrückt werden

auf schlaflose nächte
folgen erschöpfte tage

gefangen im glühenden hamsterrad
schleppt sich der sommer gemächlich vorwärts
dem herbst entgegen
der alles verändern wird

doch bin ich bereit für diese veränderung?

möchte ich ihn schon loslassen

diesen sommer am meer

unsere gemeinsamen stunden

in der hängematte des lebens?

was mit der leichtigkeit eines blattes im wind begann

liegt nun wie ein schwerer rucksack

auf meinen schultern

ich möchte ihn nicht absetzen

ihn weiter durch mein leben tragen

doch passt er mir nicht

er ist

      zu groß

      zu schwer

      zu unbequem

und schon bald werde ich ihn zurücklassen

dich zurücklassen

hier

an diesem strand

unserem strand

der für so viele momente

unser gemeinsames stückchen erde war

doch auch wenn wir suchen

mehr verbundenheit

als diese sandkörner unter unseren füßen

werden wir nicht finden

es war keine liebe

die uns zueinander geführt hat

es war die einsamkeit

ihr bitterer geschmack lag uns auf der zunge

und wir betäubten ihn mit dem salz des meeres

wie die berglandschaft

die hinter den wellen emporsteigt

war unser sommer ein auf und ab

die höchste spitze

haben wir jedoch längst hinter uns gelassen

befinden uns auf der talfahrt zurück in die realität

ich werde gehen

ohne dir lebewohl zu sagen

wie eine serienmörderin

werde ich mich davonschleichen

dich zurücklassen

mit meinem rucksack der erinnerungen

wenn der himmel sich wieder blau färbt

wenn der tag erwacht

die hitze ein letztes mal zurückkommt

dann werde ich weg sein

und du wirst mich nicht vermissen

denn so ist der herbst

er bringt die veränderung

auf die wir gewartet haben

dann bist du fortgegangen
und hast die straße zerbombt
auf der du liefst

ein *zurück* war unmöglich

hätten

wir

das

ende

gekannt ...

hätten

wir

es

dennoch

getan

?

du bist für mich das morgenrot
nach einer durchfeierten nacht

jemanden zu vermissen
ist eine traurige sache
sich selbst zu vermissen
eine *tragödie*

der kopf so leer  das herz so voll
das herz so leer   der kopf so voll

rosafarbene dramen

du bist die leinwand
auf der ich meine geschichte male

gespannt warte ich
auf deinen großen auftritt
und habe dabei nicht bemerkt
dass du das theater
längst durch die hintertür verlassen hast

wie sollen meine beine
die
zukunft
erreichen
wenn der rest von mir
noch in der
vergangenheit
feststeckt

ich war nicht mehr
für dich
als eine
namenlose
schießbudenfigur
der du
direkt aufs
herz
gezielt hast
um dann deinen
hauptgewinn
mit
nach hause
zu nehmen

die traurigkeit schwebt über mir
wie ein *luftballon*
der an meinem handgelenk
festgebunden ist

du schenktest mir den ersten und letzten tanz ...

       leider zum gleichen song

rosafarbene dramen

niemals war ich glücklicher
als mit dir

selten hatte ich zweifel
an dem was zwischen uns war

manchmal fühlte ich mich einsam
obwohl du neben mir lagst

immer wieder hast du mich belogen
und ich habe es *niemals* bemerkt

und ich kam an einen ort
zu dem ich nie aufgebrochen war

doch der *zauber des ankommens*
erwartete mich bereits
und so wusste ich
alles würde gut werden

rosafarbene dramen

lass uns zusammen zeit verschwenden!

dann wache ich auf
und sehe dich neben mir
und für einen moment ist alles *rosarot*
bevor meine gedanken
den neuen tag für sich entdecken
und einen grauen schleier darüberlegen

rosafarbene dramen

manchmal weiß man schon vorher
etwas hat keine chance auf ein *happy end*

doch man wagt es dennoch
oder gerade deshalb

es braucht nicht immer ein *happy end*
denn wer will schon ein ende
wenn man stattdessen
eine *erinnerung* gewinnen kann

rosafarbene dramen

dein kuss
    im regen
        zwischen den
            tropfenden blättern der bäume
                ist alles
                    was ich brauche

rosafarbene dramen

deine worte sind

glitzerregen

wir waren
himmelsstürmer

die jedem
donnergroll
trotzten

bis die sonne die
wolken
verdrängte

und wir gelangweilt
nach hause
gingen

rosafarbene dramen

du erschufst uns ein kaiserreich
doch auf dem thron saß längst eine andere

du bist nur eine
ersatzfigur

nichts
womit dieses spiel
zu gewinnen wäre

palast
der
gedankensplitter

palast der gedankensplitter

bunte erinnerungen fliegen durch meinen kopf

ich breite meine hände aus

fange einen gedankensplitter

ein fenster öffnet sich

und ich blicke jahre zurück

jauchzende freude durchfährt mich

zeitgleich mit einem stechenden schmerz

du bist in mein leben getreten

um es kurz darauf wieder

für immer zu verlassen

hast mir die glücklichsten momente geschenkt

um dann ihren glanz

in düsteren staub zu verwandeln

durch deine augen habe ich

das glück der ganzen welt gesehen

und kurz darauf all ihre trauer gespürt

ich dachte

er würde niemals heilen

der schmerz

den du in mir angerichtet hast

die wunden

die du hinterlassen hast

als du

ohne ein wort des abschieds

einfach gegangen bist

mein palast ist eingestürzt

der boden unter meinen füßen war verschwunden

was von dir blieb

sind gedankensplitter

die hin und wieder

meinen weg kreuzen

ich sehe sie an

kann noch einmal die liebe

noch einmal die fassungslosigkeit spüren

doch dann kann ich sie wieder loslassen

ich lasse sie weiterziehen

in meinem kopf

so wie ich dich habe weiterziehen lassen

um meinen palast wieder aufzubauen

dann greifst du nach meiner hand
wir schauen in den himmel
und für einen moment ist alles wieder

rosafarben

rosafarbene dramen

doch vergiss nicht
auch ich bin verrückt
und manchmal stelle ich mir vor
wie ich all das
was du mir angetan hast
einfach aufschreibe

wort für *wort*
kuss für *kuss*
lüge für *lüge*

wir sind dazu bestimmt

  nicht füreinander bestimmt zu sein

rosafarbene dramen

immer wieder zählte man mich zur familie
die sich kurz darauf zerschlug
in ein mosaik aus fremden gesichtern

dein lächeln lässt mich vergessen
wie *gefährlich* du bist

dich zu lieben ist
hoch zu *fliegen*

und

ertrinken
zur gleichen zeit

zurück zu dir wäre
als würde ich zurück in den mutterleib kriechen

eine kurze geborgenheit
bevor alles von vorne losgehen würde

rosafarbene dramen

alles war möglich
doch wir wussten es nicht

rosafarbene dramen

ich möchte mit dir
durch die straßen tanzen
und in bunten farben
unsere liebe
an die wände sprühen

du bist der *traum* der neben mir liegt
und während ich so träume
bemerke ich nicht
dass du mich daran hinderst *aufzuwachen*

dann hast du mich vergessen
während ich dir heimlich einen *altar* errichtete

rosafarbene dramen

es kam der herbst
und mit der hitze der *sommernächte*
erlosch auch das feuer zwischen uns

rosafarbene dramen

du warst mein kürzestes

für immer

ein meer voller fische
doch ich will ein *seepferdchen*

eiskalte Sommertage

hochsommer

die hitze legt sich schon morgens schwer über alles

unsere körper stehen im dauernden kampf

gegen die müdigkeit

unsere köpfe sind randvoll mit geschichten

die unser denken bremsen

und die leeren blicke unserer augen schaffen es nicht

die stickige luft zu durchschneiden

du bist still geworden

dein geist scheint voll zu sein

von bedrohlichen erinnerungen

dunkle schatten umspielen deine augen

mein blick flüchtet sich zum meer

glitzernd liegt es da

als wäre ein teppich mit diamanten

drübergestreut worden

sein sanftes rauschen hat uns hergelockt

an diesen ort

an dem sich so vieles

unbemerkt in unsere köpfe einnisten konnte

jetzt sind wir hier

gefangen in selbstgebauten gefängnissen

wehmütig und nicht mehr imstande

das funkelnde blau sehen zu können

ein auto fährt heran

aus ihm steigen lachende freunde

ganz so

wie wir es gerne wären

sie betreten unseren käfig

bringen den sommer mit

der die kälte unserer schwitzenden köpfe

durchdringen möchte

deine fremdfröhliche stimme läutet den neuen tag ein

wie auf kommando

verwandelt sich die leere unserer blicke

in ein kraftloses lächeln der gleichgültigkeit

ja – der hochsommer hat sich angeschlichen

und mit ihm die heuchelei

die dinge schönzufärben

wir stehen auf einer bühne

gemeinsam und doch so mutterseelenallein

unsere herzen gleichen einer geisterstadt

aus der wir so gerne fortgehen möchten

doch unsere körper sind ohnmächtig

von der hitze der gemeinsamen sommernächte

und der eiseskälte unserer (gem)einsamen tage

rosafarbene dramen

irgendwann war da unsere

letzte
durchtanzte
nacht

ohne
dass wir es wussten
ohne
dass wir sie hätten feiern können
wie sie es verdient hatte

ich
möchte
eine
überdosis
deiner
aufmerksamkeit

rosafarbene dramen

und in dem moment
als du mir endlich gleichgültig wurdest
hast du begonnen
meinen wert zu erkennen

mir wurde eine süßigkeit versprochen
doch sie schmeckte bitter
und danach fielen mir die zähne aus …

bittersweet candy ♥

rosafarbene dramen

ich wünsche mir die zeit zurück

als alles war wir taten

noch keinen sinn brauchte

mit dem ersten kuss
pflanzte sich die gewissheit in mein herz
dass du nicht mein retter sein konntest

du warst meine erste hilfe
doch retten musste ich mich ganz allein

rosafarbene dramen

wir liegen in der hängematte
und der zarte sommerwind
trägt unsere gedanken davon

plötzlich verwandelt sich unsere nähe
in ein tiefes tal *längst verlorener gefühle*
und zwischen uns bleibt nichts
als ein meer aus ungesagten worten

rosafarbene dramen

es gab kein zurück …

        unsere zeit war abgelaufen

stadtwellen

stadtwellen

der regen verdampft

auf dem heißen asphalt

noch ehe er sich über ihn legen kann

die gefangene hitze

zwischen den hochhäusern

findet keinen ausweg

sie möchte raus aus der stadt

sich über den strand legen

von wo der wind sie dann forttragen wird

das denken brütet in den köpfen der menschen

findet keinen weg mehr nach draußen

verdichtet sich in seinem glühenden gefängnis

es scheint

als würden sie dem wahnsinn verfallen

mit jedem grad

welches das thermometer weiter ansteigen lässt

eine druckwelle bahnt sich

ihren weg durch die straßen

überflutet die körper mit müdem schweiß

sie lässt sie nicht entkommen

überschwemmt alles wie ein tsunami

ungefragt und unwillkommen

eine geisterstadt

jeder versteckt sich

vor der anstrengung des schlichten seins

in der nacht dann

kommen sie in die dunkelheit gekrochen

halten ausschau nach ihrem leben

müssen sich vergewissern

dass es auf sie warten wird

warten

bis sie wieder bei kräften sind

warten

bis sie wieder klare gedanken fassen können

bis ihr verstand zurückkehren wird

aus den gullydeckeln steigt der dampf empor

sie zischen

als würden lauernde drachen unter ihnen sitzen

sie ernähren sich von der trägheit

verzehren sich nach den ungeträumten träumen

ihrer schlaflosen julinächte

rosafarbene dramen

die wahrheit holte dich ein
und plötzlich warst du nur noch
ein *superman*
der aus den wolken stürzte

mein leben sollte niemals so langweilig werden
dass ich etwas dazuerfinden müsste

wir
trugen
sonnenbrillen
bei
mondschein
und
tanzten
ohne
musik

dann habe ich damit
aufgehört
dein foto anzuschauen

aufgehört
unser lied zu spielen

aufgehört
zu denken
du würdest zurückkommen

und endlich konnte mein herz
anfangen
zu vergessen

solange meine fragen verborgen blieben
war ich dir ein netter zeitvertreib

du solltest erkennen
dass man mich nicht retten kann
und dann …

                         solltest du gehen!

dann kam der morgen
das hoch der gefühle war eingeschlafen
und mein verstand erwachte

ich konnte
die
sorglosigkeit
auf
seinen
salzigen lippen
schmecken

rosafarbene dramen

mit dir zeit zu verbringen

ist wie

kaugummiblasen platzen lassen

rosafarbene dramen

mit einem sanften kuss
beendest du alles was war
und malst einen letzten *rosafarbenen* strich
unter unser bild des sommers

unser
für immer
dauerte nur einen
augenblick
und doch
füllte es die
ewigkeit
aus

meine feuchte haut klebte an deinem laken
wie eine fliege im spinnennetz

du kamst sehr weit mit deinen lügen
nur
dass du von dort eben nicht mehr zurückkamst

rosafarbene dramen

die zeit heilt alle wunden

                      nach regen kommt sonne

doch die wunden
haben sich längst entzündet

                      und nach dem regen

fiel der erste schnee

rosafarbene dramen

in diesem moment
sprühte liebe aus unseren poren
und sie verdrängte
den billigen geruch des alkohols
der in der luft lag

nichts im leben geschieht ohne grund
wir müssen nur lange genug durchhalten
um ihn erkennen zu können

wir waren der perfekte *countrysong*
bis das pferd uns abwarf
und wir getrennt zu fuß weitergingen

wie oft saß ich schon in einem *gefängnis*
ohne zu sehen
dass die tür weit offen stand

wolkenherzen

wolkenherzen

du sagst
meine leidenschaft wird alles zerstören
dabei ist sie es
weshalb wir existieren

du bist so viel mehr als nur ein zeitvertreib
du bist die flüssige schokofüllung meines desserts
bist für mich der sonnenaufgang
nach einer durchtanzten nacht

mit dir zeit zu verbringen ist
wie kaugummiblasen platzen zu lassen
alles wird durch dich bunter
lauter und doch still

du willst keine hymnen auf uns
keinen liebesbrief
der dir verraten würde
was du mit mir machst

genieße den moment
lautet dein motto
und von mir erwartest du das gleiche

du findest mich wunderbar
wenn ich neben dir liege
wenn wir zusammen lachen
oder einfach nur in den himmel glotzen
und die wolken vorbeiziehen lassen

doch schon im nächsten augenblick
ist da ein anderer moment
den du genießt
ohne unsere wolkenbilder
ohne unsere leichtigkeit
ohne mich

> *wo bin ich*
> *wenn du fort bist?*

sag doch bitte meinem herz
dass ich die einzige für dich bin
dass du nur mit mir lachst
und nur mit mir die zeit
beim erfüllenden nichtstun verstreichen lässt

versprich mir
dass du nur an meinen haaren schnupperst
und nur meine füße massierst

wir liegen in der hängematte
nur der warme sommerwind
passt zwischen uns
reden über alles und nichts
über dich und mich
doch niemals über uns

es macht mich glücklich und traurig zugleich
weiß ich doch nie
ob es das letzte mal sein wird

in jeder sekunde
spüre ich die zerbrechlichkeit des augenblicks
ich möchte ihn

in watte packen
einfrieren
in einen tresor sperren

für dich sind diese stunden ein kick
keiner weiß
was danach kommen wird
ob wir uns wiedersehen
oder beim nächsten mal
schon aneinander vorbeigehen
ohne eine berührung

doch für mich sind sie qual
ich bin süchtig nach ihnen
weiß
dass ich sie nicht konservieren kann
nicht festhalten
und nicht vervielfachen

deine freiheit
den moment zu leben
ist mein gefängnis

ich blicke aufs meer
und wäre gerne frei

frei von dieser leidenschaft
die mich zu ihrer gefangenen werden lässt
als wäre ich allein in einem rettungsboot
in den weiten des meeres

dann durchbrichst du die stille
und deine worte sind glitzerregen
sie lassen alle zweifel verschwinden
knipsen das licht in meiner dunkelheit an
und ich möchte dir so gerne sagen
dass ich mir ein für-immer mit dir wünsche

aber du bist nicht der für-immer-mensch
du bist wie ein surfer
der jeden tag aufs neue die wellen erklimmt
für den das meer niemals ein ruhiger ort sein wird

meine blicke machen dir angst
du siehst darin mein verlangen
meine hoffnung
und kannst doch in deinem blick nicht verstecken
dass du all das nicht spürst

deine augen weichen mir immer wieder aus
versinken in der unendlichkeit des horizonts
um die leere deiner seele
in der blauen ewigkeit untertauchen zu lassen

du weißt
dass du bald fort musst
dass die leichtigkeit an gewicht gewinnt

mit jedem weiteren tag
verlieren wir an flughöhe

jede gemeinsame erinnerung
die ich von uns sammle
ist ballast auf unserem flug

und am ende
sind wir nur noch
ein betonklotz
der fliegen will

ich wache auf
und dein nackter körper liegt neben mir
wie die abgestreifte hülle eines schmetterlings
der sich längst aufgemacht hat
in sein neues leben

die leichtigkeit unserer nächte
wird überschattet
von der realität des tages

bald wirst du gehen

ich hoffe
du nimmst deine lügen mit

denn sie schmecken giftig

ich hoffe
du nimmst unsere süßen momente mit
denn sie fressen mich auf
und ich hoffe
du nimmst meine liebe mit
denn ich brauche sie nicht mehr

ich habe keine wahl
das leben besteht nicht aus wünschen
nicht aus wundern
und auch nicht aus wunderbaren überraschungen

wir sind nicht in disneyland
wo kein abenteuer wirklich gefährlich ist
wo man für einen tag prinzessin sein kann
und es zum abschied ein feuerwerk gibt

du bist der verkomplizierer meiner leichten welt
doch ich mag es kompliziert
denn egal wie weh es auch tut
die erinnerung wird rosarot sein

*und ich stehe ein bisschen auf diese
rosafarbenen dramen!*

dann genieße ich den moment
schaue mit dir zum himmel

ein *wolkenherz* zieht an uns vorbei
und du greifst nach meiner hand

dein
ich liebe dich
war in wahrheit doch immer ein
ich liebe mich

rosafarbene dramen

wenn ich an dich denke
dann glitzern meine gedanken

dann habe ich
alles
was ich brauche
alles
was ich immer wollte

rosafarbene dramen

das leben ging weiter
und es wurde gut
auch ohne dich

      … oder vielleicht gerade deswegen

rosafarbene dramen

der herbstwind
kam durch unser fenster
und trug die *leichtigkeit*
des sommers davon

manchmal bringt uns die falsche entscheidung

zum richtigen ort

rosafarbene dramen

dann nimmst du meine hand
und mit einem mal ist alles egal
was davor war

du schlägst eine neue seite in meinem buch auf
und ich werde sie bunter bemalen
als jede zuvor

zwischen
wahrheit
und
realität
liegt manchmal
die
ganze welt

im nachhinein
sind doch alle erinnerungen